NOTICE

HISTORIQUE ET TOPOGRAPHIQUE

SUR

LE CHATEAU ET LE VILLAGE

DE BLANDY

Par M. E.-D.-L. F***

PRIX : 1 FRANC.

Melun

CHEZ THUVIEN, PAPETIER, LIBRAIRE

Imprimeur-Lithographe, rue de l'Hôtel-de-Ville, 25

1841

MELUN. — IMPRIMERIE DE DESRUES.

NOTICE

HISTORIQUE ET TOPOGRAPHIQUE

SUR

LE CHATEAU ET LE VILLAGE

DE BLANDY

Beaucoup de personnes ont vu de loin, ont traversé même le bourg de Blandy, beaucoup ont été jusqu'aux pieds des vieilles tours qui le distinguent des autres villages, sans se demander à elles-mêmes ce que veulent dire ces restes gigantesques. Il en est même qui sont nés auprès de ces ruines, qui, dans leurs jeux d'enfance, ont franchi mille et mille fois le fossé qui les borde, qui ont vécu de longues années enfin près de ces débris sans penser à deviner ce que tout cela pouvait être; ils ont passé silencieux près de ces ruines silencieuses, rien n'a parlé à leur esprit, ni les fossés qui entourent cet ancien manoir, ni les arbres qui l'ombragent, ni les tours qui le dominent.

Pourtant, le village de Blandy n'est point comme un autre village, à lui se rattachent de grands évènements, des faits graves, et c'est faire injure à l'histoire que de rester indifférent sur ce qu'il offre à nos souvenirs. Il semble que l'on voie s'élever sur son antique manoir une foule de héros, de ces grandes figures qui apparaissent dans l'histoire, et dont la gloire doit fixer l'attention, car au château de Blandy ont trôné plusieurs familles illustres : on y a vu briller les armes de la maison d'Orléans, des Condé, des Villars, etc... Blandy a été autrefois entouré de gloire et de puissance; il a longtemps inspiré de la terreur! et c'est de cette gloire éclipsée, de cette puissance aujourd'hui désarmée, que l'on veut parler dans cette Notice.

L'*Histoire des environs de Paris*, par Dulaure, et le *Dictionnaire topographique du département de Seine-et-Marne*, donnent quelques détails sur le vieux château de Blandy; mais c'est plutôt un croquis, un canevas qu'une notice complète : on n'y voit pas la suite des différents seigneurs de Blandy, ni même le nom de toutes les familles qui en ont été propriétaires. Ceci n'entrait pas, il est vrai, dans le plan de ces ouvrages : on sait bien qu'un dictionnaire abrégé ne peut fournir tous les détails qu'offre un pays. Il a paru, dans un numéro du journal *le Siècle*, en 1837, un feuilleton sur les ruines de Blandy. Ce feuilleton littéraire, pour attirer l'intérêt du salon, devait nécessairement se restreindre à quelques épisodes frappants, et rejeter beaucoup de détails : l'auteur l'a compris parfaitement, et il s'est renfermé dans plusieurs petits cadres qui remplissaient le but où il voulait tendre, mais qui laissaient encore à désirer une histoire suivie des différents seigneurs de Blandy.

Aujourd'hui ce n'est pas une histoire que l'on

offre au public : telle n'est point la prétention de l'auteur; c'est seulement, comme le titre l'indique, une notice plus suivie, plus complète, qui renferme quelques détails sur les familles qui se sont succédé dans la maison de Blandy, qui comprend à la fois la description des restes du château et celle du village. L'homme de lettres, l'amateur applaudira sans doute à ce travail; et vous, habitants de Blandy, vous saurez gré à celui qui vous l'offre, du soin qu'il a pris de retracer la gloire de votre pays.

CHATEAU DE BLANDY.

L'origine du château de Blandy est tout-à-fait inconnue; son antiquité se perd dans la nuit des temps, et il serait impossible de fixer l'époque de sa fondation. L'histoire nous apprend que cette maison a appartenu longtemps à l'ancienne famille de Garlande qui a fourni de nobles chevaliers, dont plusieurs ont accompagné les Godefroi, les Baudoin jusque dans la Palestine, au temps des Croisades. Dès le xe siècle, il est parlé de cette famille comme des plus célèbres de la province de Brie. L'historien de la ville de Melun parle d'une Héloïse de Blandy, et c'est à la date de 1223, ce qui, par présomption, donnerait à la maison de Blandy plus de 600 ans d'existence.

Il faut observer cependant que le château de Blandy, tel qu'il est aujourd'hui, n'a guère plus de 500 ans de date, car il paraît appartenir à la fin du xiiie siècle ou au commencement du xiv⁰. Simple maison peu fortifiée, sous la famille de Garlande, il n'aura été construit comme château-fort que par les vicomtes de Melun.

On ne saurait expliquer comment la terre de Blandy est passée dans cette famille : ce qu'il y a de certain, c'est qu'elle appartenait aux vicomtes de Melun, vers le milieu du xiii⁰ siècle. Adam III, comte de Tancarville, vicomte de Melun, qui mourut en 1250, laissa par son testament de quoi fonder une chapelle en l'honneur de Notre-Dame, dans sa maison de Blandy. Jean Ier, l'un de ses successeurs, qui fut chambellan de France, après Enguerrand de Marigny, avait rendu de grands services au roi Philippe-le-Long. Il obtint de ce roi, par lettres-patentes datées de Paris, l'an de grâce 1321, au mois de juin, l'établissement d'un marché qui se tiendrait tous les jeudis, dans la ville de Blandy. L'année suivante, il obtint du roi Charles-le-Bel, par lettres datées du bois de Vincennes, l'an du Seigneur 1322, au mois d'octobre, l'établissement d'une foire qui se tiendrait toutes les années et pour toujours, dans la ville de Blandy, la veille et le jour Saint-Maurice. Ce fut ce même Jean Ier qui avait été nommé exécuteur testamentaire du roi Philippe de Valois, en 1347; mais il mourut avant le prince, l'année même où le testament avait été fait.

Guillaume IV, second successeur de Jean Ier, et comme lui chambellan de France, vicomte de Melun, etc., fonda et dota deux chapelles en 1395 au château de Blandy. Il établit aussi deux chapelains auxquels il était donné par les lettres d'institution de l'archevêque de Sens, une rente de 20 livres parisis, à toucher sur la terre de Champigny. En 1410, il transporta cette rente pour être touchée sur les terres de Blandy, il leur accorda aussi le revenu de plusieurs arpents de terre dans sa seigneurie de Blandy ; les chapelains devaient célébrer tour-à-tour, des messes pour le repos de son ame, ainsi que pour ses parents. Il s'engageait de son côté, par la fondation des chapelles, à fournir les ornements, les livres, les calices, etc.

Guillaume IV joua un rôle important à la cour de France ; il fut envoyé dans plusieurs ambassades. En 1393, il alla en Angleterre pour obtenir le maintien de la paix, jusqu'au rétablissement de la santé du roi Charles VI. Il fut tué à la malheureuse bataille d'Azincourt, en 1415. Le roi lui avait accordé une lettre datée de Paris 1392, au mois d'octobre, qui confirmait l'établissement du marché et de la foire de Blandy.

Sa fille Marguerite, fut mariée en 1417, à Jacques d'Harcourt, baron de Montgommery, et apporta pour dot entre autres seigneuries, la terre de Blandy : le baron d'Harcourt était un capitaine distingué de l'époque, et grand ami du fameux Dunois. Dans une des petites batailles dont la terre de Brie a été si souvent le théâtre pendant les guerres des Anglais, Dunois avait été blessé aux environs de Melun, et il avait été secouru dans le château de Blandy. Devenu veuf par la mort de sa première femme, il revint chez son ami le baron d'Harcourt, et fut reçu avec tous les sentiments d'une amitié sincère. Il obtint la main de Marie d'Harcourt, et, par cette union, le château de Blandy passa dans la maison d'Orléans-Longueville. Jean d'Orléans, comte de Dunois et de Longueville, était fils naturel du duc d'Orléans, qui fut assassiné par les gens du duc de Bourgogne, et dont la mort fut vengée sur le pont de Montereau. Dunois, le plus habile capitaine de son époque, rendit de grands services à Charles VII; c'est par l'aide de ses conseils, que Jeanne d'Arc parvint à sauver Orléans des mains des Anglais, et à faire sacrer le roi à Rheims. Quand la pucelle d'Orléans fut faite prisonnière par les Anglais, Dunois continua ses victoires; il reconquit sur eux les principales villes du royaume. Ses services nombreux, tant sous le règne de Charles VII que de Louis XI, lui valurent le comté de Longueville et le nom de restaurateur de la patrie. Il mourut en 1468, après avoir délivré la France du joug de l'étranger, et humilié ses fiers ennemis.

La terre de Blandy offrait à Dunois un lieu de retraite et de repos après toutes les fatigues de la guerre, et c'est là qu'il goûtait auprès de sa nouvelle épouse les douceurs d'une vie paisible, si précieuse dans les dernières années d'une vie jusque-là bruyante et agitée. Blandy se trouvait alors entouré de gloire. Sur ses donjons brillaient les lauriers du sauveur de la patrie, tous les trophées de Dunois lui donnaient un relief de splendeur et de puissance; aussi n'est-il pas étonnant que Louis XI, ce grand destructeur de la féodalité, et de tout ce qui contre-balançait la puissance royale, n'ait fait aucune tentative sur Blandy.

La gloire de celui qui en était le seigneur, les services qu'il avait rendus, la fidélité qu'il lui gardait, peut-être aussi l'impossibilité de l'affaiblir, tout lui fit détourner les yeux de cette proie. Blandy n'avait pas encore fourni sa carrière, car elle était à peine commencée, et son heure ne devait sonner que plus tard.

Sous les successeurs de Dunois, le château de Blandy se maintint dans un état de repos, mais aussi dans un état de défense; les seigneurs peu turbulents et toujours fidèles à la cour, tendirent moins à se faire craindre qu'à se faire respecter, et ils y parvinrent sans peine sous les règnes de Charles VII, de Louis XII et de François Ier. Louis XI faisait la guerre aux principaux seigneurs; son ambition était de les humilier et de les soumettre : la politique de ses successeurs suivit des voies toutes contraires, ils cherchaient à étendre les bornes du royaume, à faire respecter la France au dehors. Continuellement occupés des guerres d'Italie, ils tournaient contre les étrangers l'esprit turbulent et actif de la plupart des seigneurs; la guerre étrangère empêchait ainsi toutes les dissensions civiles.

Parmi les seigneurs de Blandy, successeurs et descendants de Dunois, on remarque François II, en faveur duquel le comté de Longueville fut érigé en duché en 1505, et un autre François d'Orléans-Longueville, qui épousa en 1536, Jacqueline de Rohan, marquise de Rothelin. Ce prince mourut sans laisser d'enfants mâles. La marquise de Rothelin resta seule au château de Blandy avec ses filles, et commença dès-lors cette vie de peines et d'amertumes qui devait durer si longtemps. Quand l'aînée eut atteint l'âge de vingt ans, pour lui assurer un protecteur ainsi qu'à ses autres filles, elle offrit la main de Françoise à Louis de Bourbon, premier prince de Condé. Le mariage se conclut en 1565.

Condé était frère d'Antoine de Bourbon, roi de Navarre, père de Henri IV. Il avait épousé en premières noces Eléonore de Roye, dont il eut un fils nommé Henri Ier; on en parlera plus tard. Le prince de Condé est le chef de cette illustre famille, qui s'est éteinte de nos jours dans les fossés de Vincennes et à l'espagnolette du château de Saint-Leu. Il s'était déjà signalé sous Henri II dans plusieurs rencontres, et particulièrement à la défense de Metz, assiégée par Charles-Quint. A la mort de Henri II, le prince de Condé, qui croyait avoir part aux affaires sous le règne de François II, fut extrêmement piqué de se voir exclus; il se livra à l'impulsion de son génie vif et entreprenant, et se ligua avec les princes protestants. Bientôt survint la conjuration d'Amboise : la part active qu'il y prit, puisqu'il en fut regardé comme le chef, le fit condamner à mort; il allait être exécuté, lorsque le roi vint à mourir.

Les affaires changèrent alors de face. Condé fut délivré par Catherine de Médicis, dont la politique voulait opposer ce prince au parti trop puissant des ducs de Guise. La guerre fut bientôt déclarée. Condé s'empare d'Orléans et de plusieurs autres villes. Son parti est redoutable, et la reine tremble dans le château du Louvre. Les armées se rencontrent à Dreux. Condé est vaincu et fait prisonnier. Il fut traité alors humainement par son vainqueur, qui lui offrit de partager sa chambre et son lit ; le duc de Guise dormit d'un profond sommeil. Condé ne put fermer l'œil de la nuit. La paix se conclut en 1564.

Le prince de Condé, tranquille pour quelques instants, songea alors à une nouvelle alliance. Sa première femme était morte depuis quelque temps ; en 1565, un an après la bataille de Dreux, il vint au château de Blandy et on célébra le mariage du prince de Bourbon-Condé avec Françoise d'Orléans, dont on a déjà parlé. Son séjour au château de sa nouvelle épouse, ne fut pas de longue durée. Il ne tarda pas à recommencer la guerre, par suite de mécontentements réels ou peu fondés. Il essaya d'enlever le roi Charles IX, qui se trouvait alors à sa maison de plaisance de Montceaux, près de Meaux. Sa tentative ne réussit point. Les Suisses défendirent le roi avec beaucoup de courage, à Meaux et sur la route de Paris. Condé fut obligé de céder ; bientôt après, il fut attaqué près de Saint-Denis par les troupes royales. Il fut encore battu. Cette seconde défaite amena la paix de Longjumeau en 1568.

Six mois après, Condé, instruit que la reine voulait s'emparer de sa personne, se réfugia à La Rochelle. Il avait déjà appris qu'un détachement, commandé par d'Entragues, s'était présenté aux portes de son château de Blandy. On avait ouvert sans défiance. D'Entragues était un émissaire de la Cour, chargé d'enlever la marquise de Rhotelin, avec les enfants du prince de Condé, pour servir d'otages à la reine Médicis. Ils furent transportés au Louvre. Mais leur captivité ne fut pas de longue durée : car les évènements qui suivirent l'abrégèrent.

Le prince de Condé, irrité des menées de la cour, part soudain de La Rochelle. Il rencontre l'armée catholique dans les plaines de Jarnac. Il y combat avec courage. Renversé de son cheval, blessé à la jambe, le bras en écharpe, il était au pied d'un arbre et avait rendu les armes, quand il fut tué d'un coup de pistolet par Montesquiou.

> O plaines de Jarnac, ô coup trop inhumain !
> Barbare Montesquiou, non moins guerrier qu'assassin,
> Condé déjà mourant tomba sous ta furie.

Le prince fut transporté du champ de bataille au village de Jarnac. Soit par dérision, soit qu'on n'eut pas d'autre moyen de le conduire, on le transporta sur une ânesse, ce qui a donné lieu à ce quatrain.

> L'an mil sept cent soixante-et-neuf,
> Entre Issoudun et Châteauneuf,
> On vit passer sur une ânesse,
> Le grand ennemi de la messe.

Ainsi périt le premier prince de Condé, seigneur de Blandy. Quand l'aigle fut abattu, on laissa partir les aiglons : la marquise de Rhotelin revint à sa maison avec les enfants du prince. Elle vit qu'elle s'était trompée en mettant sa confiance en lui. Les avantures de Condé, ses révoltes, sa fin tragique, tout contribuait à augmenter ses peines; elle vint les ensevelir dans le château de Blandy, qui ne fut plus qu'une solitude de douleur, qu'une maison de tristesse jusqu'en 1572.

Le prince de Condé avait eu de sa première femme, un fils nommé Henri Ier, dont on a déjà parlé. Ce prince, trop jeune pour succéder à son père dans le rôle de chef du parti protestant, le laissa remplir à son cousin Henri de Navarre, depuis Henri IV. Il n'avait que dix-sept ans quand son père fut tué à la bataille de Jarnac. Trois ans après la mort du premier Condé, le château de Blandy avait pris un aspect riant, et, dépouillé pour un instant de cet air de tristesse dont il était empreint, une foule de seigneurs de la cour se rendaient à Blandy. C'était dans la belle saison; tout contribuait à rendre la fête plus pompeuse. Au mois de juillet 1572, on célébrait au château de Blandy, le mariage de Henri Ier de Bourbon-Condé, avec cette belle Marie de Clèves, qui inspira tant d'amour au duc d'Anjou (Henri III), et à laquelle ce prince, en sortant de France pour aller prendre possession de la couronne de Pologne, écrivait des lettres de son propre sang. Marie de Clèves mourut sans lui donner d'enfants; il épousa en secondes noces Charlotte de La Trémouille, pour laquelle Henri IV brûla aussi d'un amour adultère. Henri Ier de Bourbon-Condé mourut de poison à Saint-Jean-d'Angely. On accusa sa femme de l'avoir empoisonné pour cacher une grossesse. On la déclara, huit ans après, innocente de ce crime, par ordre de Henri IV, et par arrêt du parlement. Henri Ier eut un fils posthume nommé Henri II, dont la plus grande gloire est d'avoir donné naissance au grand Condé, si célèbre par sa bravoure et ses exploits.

Henri IV assista au mariage du prince de Condé,

à Blandy. Il était accompagné de Marguerite de Valois, sœur de Charles IX, qu'il devait épouser quelque temps après à Paris. Les deux princes, qui étaient liés d'une étroite amitié, quittèrent Blandy plusieurs jours après le mariage. Ils arrivèrent ensemble à Paris, le 17 août de l'année 1572. On délibéra au Louvre s'ils ne seraient point compris dans le massacre de la Saint-Barthélemy. On les fit venir devant le roi qui leur proposa la messe ou la mort. Les deux princes cédèrent et furent ainsi sauvés du massacre.

Henri Ier de Condé n'est pas aussi célèbre que son père, bien qu'il ait pris part à autant d'évènements. Il était toujours dans les dangers à côté de son cousin, le prince de Béarn (Henri IV). Aussi sa gloire s'est éclipsée à l'ombre des lauriers du Béarnais. Il est glorieux pour lui néanmoins de ne s'effacer qu'auprès d'un si grand rival de gloire.

Nous sommes déjà loin du château de Blandy, revenons aux évènements qui s'y rattachent. La marquise de Rhotelin y continuait le tissu de ses chagrins et de ses peines. Elle y restait toujours comme tutrice du jeune prince Charles de Bourbon-Soissons, héritier du château de Blandy, fils posthume du prince de Condé, tué à Jarnac. Enfin il vint un jour où les habitants du bourg virent flotter sur le vieux manoir un voile funèbre. C'était la marquise de Rhotelin qui venait de finir sa longue et pénible carrière. Les malheurs au milieu desquels elle fut jetée, la perte presque subite de son mari, la vie aventurière, la mort funeste du prince de Condé, avaient chargé de sombres nuages les jours de sa vie, et ces évènements inspirent de l'intérêt pour elle après sa mort. Elle fut enterrée dans le chœur de l'église du lieu, sous la lampe. Quand la hache révolutionnaire allait se promenant dans toute la France, elle n'épargna pas les tombeaux. On vint troubler le repos de cette illustre souffrante. Ses cendres depuis dorment inconnues avec celles des autres : il semble que la fortune se soit plue à lui faire payer chèrement ses grandeurs, et à lui enlever jusqu'au cercueil de plomb qui la distinguait encore dans la tombe. Le souvenir de cette malheureuse princesse s'est perpétué jusqu'à nos jours, et se répète dans la bouche des habitants du lieu. Le bruit commun est qu'à la révolution, quand on ouvrit son tombeau, on trouva sa chevelure encore toute entière. Son cercueil de plomb fut enlevé.

La maison de Blandy qui, sous la famille d'Orléans-Longueville, était brillante de gloire et de puissance, et sous Louis de Bourbon-Condé fut la retraite du malheur, pendant qu'il promenait l'étendard de la rébellion en France, ne fut plus, en passant dans la maison des Bourbons-Soissons, qu'un refuge de séditieux et de mécontents. Plusieurs fois le prince de Condé s'y était enfermé pendant les guerres de religion; mais il n'y restait pas longtemps, emporté qu'il était par son génie bouillant dans des entreprises hardies. Sous les princes de Bourbon-Soissons c'était le refuge continuel.

Charles de Bourbon-Soissons, pair et grand-maître de France, prince ambitieux, né presque sur les degrés du trône, puisqu'il était cousin-germain de Henri IV, aurait pu rendre de grands services à sa patrie; mais il passa toute sa vie à changer de parti, tantôt avec les protestants, tantôt avec les catholiques. A la bataille de Coutras, Henri IV se trouvait avec lui et le jeune prince de Condé, il leur dit : Vous êtes du sang de Bourbon, vive Dieu! je vous ferai voir que je suis votre aîné. Cette parole fut un sujet de mécontentement pour le comte de Soissons. Sous le règne de Henri IV, toutes les fois que Soissons avait, ou croyait avoir à se plaindre, il s'enfermait avec ses soldats au château de Blandy, et n'en sortait que quand on lui offrait quelque entreprise qui flattait son amour-propre. A la mort de Henri IV, mécontent de voir la régence lui échapper, et d'ailleurs piqué au vif de n'avoir pas été consulté sur le mariage de Louis XIII avec Anne d'Autriche, infante d'Espagne, il se retira à Blandy où il mourut l'an 1612. Il avait eu d'Anne de Montafié, son épouse, deux filles, Louise et Marie, dont il sera fait mention plus tard, et Louis de Bourbon qui fut après sa mort comte de Soissons et seigneur de Blandy.

Ce prince hérita du caractère turbulent et ambitieux de son père. Comme lui il se retirait au château de Blandy avec ses troupes, chaque fois qu'il se croyait offensé par la cour. Richelieu qui ne voulait pas souffrir longtemps ces espèces de révoltes, rêva la destruction de cette retraite, et il ne tarda guère à mettre son dessein à exécution. Le prince de Bourbon-Soissons s'était signalé dans plusieurs expéditions, il avait eu quelques années le gouvernement de Champagne, où il avait résisté aux efforts de plusieurs étrangers. Il se distingua aussi au siége de La Rochelle; mais son génie entreprenant qui voyait avec déplaisir toute la puissance du cardinal, le fit entrer dans un complot contre sa vie. La tentive échoua, mais le cardinal en garda toujours un vif ressentiment, et s'en promit une vengeance éclatante.

Quand La Rochelle, dernier boulevart du protestantisme en France, fut tombée sous les efforts de son génie, lorsque sa chûte eut retenti dans tout le royaume, comme le dernier coup porté à la turbulente réforme, le ministre-roi ne voyait plus aux environs de Paris que quelques châteaux dont la forme l'inquiétait encore, dont la gloire passée troublait son sommeil. Il travailla avec cette activité dont il était capable, à renverser, à miner sourdement ces derniers remparts de la féodalité, qui retardaient l'œuvre complète de l'agrandissement du pouvoir royal. Déjà cette grande œuvre, enfant de son génie, touchait à sa fin; il ne restait plus isolé que le château de Blandy : les derniers seigneurs n'avaient plus conservé le pouvoir inquiétant du premier Condé; Blandy n'inspirait plus la même terreur. Enfin le moment arriva où le dernier coup lui fut porté.

En 1641, Louis de Bourbon, comte de Soissons, qui avait obtenu la principauté de Sedan, entra dans la révolte de Gaston d'Orléans, frère du roi; il partit de Sedan avec ses troupes, et se dirigea en Champagne; il y rencontra les troupes royales commandées par le maréchal de Châtillon. Il était vainqueur, quand, poursuivant les fuyards avec trop de chaleur, il fut tué d'un coup de pistolet, par un inconnu que des historiens disent avoir été l'émissaire du cardinal. Ainsi périt à La Marfée, le dernier seigneur comte de Soissons ; avec lui tomba la puissance de Blandy. Ce ne fut plus dans la suite qu'une maison de campagne inoffensive, habitée peu souvent et par des princesses sans influence comme sans ambition.

La famille des Bourbons-Soissons se trouvait alliée, depuis 1625, à la famille des ducs de Savoie, par le mariage de Marie, fille du premier comte de Bourbon-Soissons, avec Thomas de Savoie, prince de Carignan. Thomas joua un grand rôle dans les guerres des Français contre les Impériaux, et c'est de lui qu'est descendu le fameux prince Eugène, dont les efforts soit seuls, soit réunis à ceux de Malborough, ont fait essuyer tant de maux à la France. Par suite du mariage de Marie de Bourbon, la maison de Blandy vit souvent les princes et les princesses de Carignan, dont le nom est encore dans la bouche des gens du pays; mais ces princes n'étaient pas seigneurs de Blandy.

Le château de Blandy, à la mort du dernier Soissons, passa à sa sœur Louise de Bourbon, mariée à Henri II d'Orléans, et par cette union il retomba sous la puissance de la maison d'Orléans pour quelque temps ; de leur mariage naquit Marie-d'Orléans. Cette princesse épousa Henri II de Savoie, duc de Nemours; elle hérita de tous les biens de ses frères, et à la mort de ses parents elle devint châtelaine de Blandy. Elle habitait souvent cette maison; il existe une procuration de cette princesse, passée à un huissier, pour vendre la coupe des bois de sa maison de Blandy; elle est encore venue à son château en 1686, comme on le voit par un mémoire d'une réparation, faite à une cheminée : la quittance porte que cette réparation a été faite à l'occasion de l'arrivée de la princesse; il a été payé 37 sous 6 deniers.

En 1694, Marie d'Orléans a fait donation de cette terre au fils naturel du dernier comte de Bourbon-Soissons, Louis Henri, légitimé Bourbon, prince de Neufchâtel. Ce prince mourut en 1703, laissant Angélique-Cunégonde de Montmorency, sa femme, tutrice de ses deux filles; c'est cette princesse qui a vendu, en 1707, la terre de Blandy au maréchal de Villars.

C'est ainsi que Villars a réuni la terre de Blandy à sa maison de Vaux. Les services nombreux qu'il rendit à la France, la victoire qu'il remporta à Denain, où il sauva la monarchie de sa perte, lui valurent, avec beaucoup d'autres titres, l'érection de sa maison en duché-pairie. Pour entrer dans les idées du roi, et complaire à ses désirs, il fit disparaître l'appareil effrayant du château de Blandy. On savait que c'était un lion abattu, on craignait pourtant encore qu'il ne fût qu'endormi. Louis XIV qui avait donné six canons à Villars, avec la permission de les braquer devant sa maison de Vaux, les aurait vus avec peine au château de Blandy. Le maréchal enleva tous les soupçons de crainte en démolissant les principales fortifications, et en faisant découvrir les tours, Blandy ne fut plus, sous M. de Villars, qu'une maison de campagne accompagnée d'une ferme; il venait y passer une partie de l'été, surtout quand, sous le règne de Louis XV, il se vit moins occupé, moins fêté que sous le règne précédent.

En 1730, M. de Villars obtint de l'archevêque de Sens, son ami, la suppression des deux chapelles fondées par Guillaume de Melun, et la réunion de ces chapelles en une seule, avec leur translation au château de Villars. Son crédit et son amitié avec l'archevêque firent accorder la demande sans difficulté; mais une partie des habitants réclamèrent avec les deux chapelains contre cette mesure, qui était opposée à l'intention du fondateur. La réclamation n'eut aucun succès, et les deux chapelles furent transférées avec leurs fondations, au château de Vaux-le-Villars. La chapelle du château fut alors démolie et remplacée par d'autres bâtiments; il est à présumer que cette chapelle a servi pendant quelque temps de lieu de sépulture aux seigneurs de Blandy, car on a trouvé des ossements dans les fouilles, lors de la démolition.

Le maréchal de Villars se trouvait à la campagne de Blandy, quand on l'appela à la cour pour le charger d'une partie de la guerre d'Italie. Tous les habitants du village, au bruit du départ de leur seigneur pour une expédition lointaine, se rassemblèrent aux portes du château sous la longue allée de marronniers, qui a subsisté jusqu'à la révolution. Ils voulaient voir encore le vieux maréchal, ils pensaient bien que c'était pour la dernière fois. A quatre-vingts ans il recommençait une expédition, la vie des camps, allait, disaient-ils, tuer le reste de sa vie : en effet, il termina sa glorieuse carrière en Italie, par la prise de Milan, de Tortone et de Novare.

Après sa mort, Blandy se réduisit simplement à la ferme; depuis longtemps il n'était plus terrible, on le rendit tout-à-fait utile. Le marquis de Villars, fils du maréchal, le vendit en 1764 au duc de Praslin, ministre; il est resté depuis entre les mains de cette famille, c'est aujourd'hui une simple ferme. Sur les fortifications ont été construites des granges et des écuries, une grande partie des bâtiments, situés au au milieu du château, ont été détruits pour former une cour spacieuse, nécessaire à sa nouvelle destination; le pont-levis a été supprimé, les fossés ont été taris, et sont maintenant garnis, presque de tous côtés, d'arbres élevés.

Telle est aujourd'hui cette maison : vous n'y voyez plus les Marie d'Harcourt, les Marie de Clèves, entourées d'un cortége brillant; vous y cherchez en vain les Dunois, les Condé, les Villars et leurs trophées, vous n'y trouvez que la fermière assez généreuse pour offrir une tasse de lait au voyageur qui va interroger ces ruines; vous n'y rencontrez qu'un homme qui vous jette quelques souvenirs épars; n'attendez pas y trouver un coursier avide de combats, c'est un cheval moins ardent qui se contente de servir humblement le laboureur; vous approcherez des vieux murs, vous prêterez l'oreille, et vous entendrez dans les vieilles tours, le tendre roucoulement de la colombe, son cri plaintif vous rappellera sur ces débris les souvenirs amoureux de la belle Marie de Clèves, ou les plaintes amères de la marquise de Rothelin. Le pont-levis ne voit plus passer comme autrefois, les chars des princesses ni les cavalcades des chasseurs, ce sont à présent de lourds charriots, pesamment chargés, les uns de l'engrais que la terre réclame, les autres des moissons des champs ; le paysan qui passe n'entend plus sonner le bruit de la trompette de guerre, son oreille n'est plus frappée le jour que du chant du coq, et le soir, du cri perçant de l'oiseau des nuits; tout à changé de face, c'est le cas de dire :

Quantùm mutatus ab illo.....

RESTES DU CHATEAU.

Ce que l'on voit encore aujourd'hui du vieux château de Blandy, est capable de nous donner une idée de ce qu'il fut autrefois. C'est un des plus beaux et plus forts manoirs de l'ancienne province de Brie. Un air de grandeur et de majesté est toujours empreint sur ses restes; tout en lui redit à l'œil de l'observateur intelligent, ce qu'il a dû être, ce qu'il fut :

> Une pierre au hasard, de ses flancs détachée,
> Par la main d'un Vandale une pierre arrachée
>   Ne saurait ternir sa beauté ;
> C'est détacher d'un arbre une feuille légère,
> C'est dérober peut-être une fleur à la terre,
>   Sans nuire à sa fertilité.

Sa masse imposante semble braver l'effort des ans;

il lutte sans cesse contre le temps qui détruit tout, et contre la pique du démolisseur. Toutes les fois que, pour agrandir le local de la ferme, on est obligé de renverser quelque pan de muraille, afin de faire place à de nouvelles constructions, ce n'est qu'avec peine que l'on peut détacher ces masses de pierres; encore ne tombent-elles qu'en blocs énormes.

On peut se former une idée de la force de ce château par le plan même de sa construction : c'est un pentagone peu régulier; à chaque angle s'élève une tour. Il est à remarquer que les tours les plus fortifiées se trouvent du côté où le danger était le plus grand, c'est-à-dire vers le sud, du côté de la plaine; elles étaient aussi destinées à protéger une partie du château, moins fortifiée, qui se trouvait placée entre elles; la plus élevée, comme obligée à résister des deux côtés, devait nécessairement être plus forte. Pour celles qui se trouvent au nord, elles sont moins fortifiées, comme étant moins attaquables et placées au haut d'une vallée.

Le mur d'enceinte, large de 2 à 3 mètres, et couronné d'un chemin de défense dans tout son pourtour, était défendu par des fossés larges de 20 à 25 mètres. L'eau des fossés était fournie, dit-on, par une fontaine située dans la plaine, et amenée par des tuyaux ou conduits. Cette eau a été détournée depuis longtemps. Il reste pourtant encore une faible source qui forme une petite fontaine au pied de la grosse tour.

L'entrée du château était défendue par un pont-levis, et par un corps de bâtiment bien fortifié, qui a été détruit. Le pont-levis était lui-même protégé par deux petites tours carrées, de chaque côté de l'entrée, et qui ressortaient du mur d'enceinte à une douzaine de mètres de la porte. On voit encore la place où s'encadrait le pont-levis quand il était levé, et le cintre de la porte d'entrée. Tout près se trouvent deux meurtrières, l'une à droite et l'autre à gauche; près de là se trouvent également les rainures de la grille de fer. Au-dessus de la porte d'entrée, dans l'intérieur de la ferme, on voit une pierre sur laquelle on distingue encore la couronne; les autres marques de l'armoirie sont effacées : on prétend que c'étaient les armes de la maison de Condé. On croit aussi que cette pierre a été rapportée à cet endroit, et qu'elle était placée dans une autre partie du château.

De cet endroit on aperçoit dans la cour une foule de ruines qui apparaissent à fleur de terre. Les étroits passages qui existent entre ces anciennes fondations, feraient croire que c'étaient autant de pièces fortifiées, où l'on n'aurait pu pénétrer que difficilement. Dans le cas d'un siége, il aurait fallu prendre le château pièce par pièce. Toutes les tours elles-mêmes sont très-fortifiées, et la principale, quoique située au fond du château, l'était plus que toutes les autres; on n'y pouvait pénétrer que par un passage étroit, resserré entre deux murs, d'où l'on pouvait combattre aussi bien que du haut de la tour, ce qui, supposé la reddition des autres pièces, rendait encore celle-ci plus imprenable, eu égard au temps et aux moyens d'attaque.

De la porte d'entrée, en suivant à gauche, on arrive aux écuries de la ferme : on voit dans les murs des cintres et quelques ogives. Plus loin sur le logement du fermier, se trouvaient les cuisines et la salle dite des Gardes. A côté, un petit escalier conduit à la plus petite tour qui sert aujourd'hui de prison; elle renferme un caveau dont l'ouverture est refermée par une trappe. Ce caveau, qui a peut-être 6 à 7 mètres de profondeur, paraîtrait avoir été une espèce d'oubliettes.

On arrive ensuite à une tour bien fortifiée, qui sert aujourd'hui de bûcher. Il ne reste plus qu'un escalier de 20 à 30 marches. Près de là se trouve un bâtiment dont il n'existe plus que les murs, et qu'on dit avoir été la salle d'armes. Les granges situées auprès auraient été la caserne. Enfin on arrive à la plus forte tour qui formait la résidence du seigneur; elle est défendue par une porte très-forte et par une herse que l'on voit encore suspendue dans les rainures; la porte se trouve encombrée par les débris de l'escalier qui est tombé il y a quelques années. Au pied de cette tour, on aperçoit l'entrée d'un souterrain qui se prolongeait dans la plaine du côté de Melun, et qui se terminait au côteau. On appelle ce souterain la Cave-Barrois. Les vieillards rapportent que du temps de la guerre des Lorrains, c'est-à-dire pendant les troubles de la Fronde, les habitants se retirèrent au château et cachèrent la plupart de leurs effets dans ce souterrain. Aujourd'hui l'entrée en est comblée.

La grosse tour a, à sa base, près de 5 mètres d'épaisseur. La pièce du bas, comme dans plusieurs autres tours, est garnie de meurtrières; on y voit des cheminées qui existent aussi aux autres étages. Près de cette tour se trouve un puits très-ancien et presque comblé; il était destiné à fournir l'eau pour l'habitation du seigneur, surtout dans le cas où toutes les autres pièces auraient été prises par les assiégeants. Le chemin de défense conduisait de cette tour à une autre, dont l'escalier ne commence qu'au premier étage; cette tour devait être aussi habitée, on découvre encore les cheminées. Elle n'offre aucune particularité non plus que les autres bâtiments qui se continuent jusqu'à la porte d'entrée.

Il est impossible que l'on puisse qualifier l'emploi de chaque pièce, ni deviner ce que pouvaient être tous ces bâtiments détruits; on ne hasarde guère que des probabilités : il est pénible que l'on ne puisse découvrir les circonstances même principales; il est fâcheux que l'oubli ait moissonné tant de souvenirs. Sans doute que si quelqu'un des anciens seigneurs qui habitèrent ce manoir, se relevait de la poussière du tombeau, il aurait peine à se reconnaître au milieu de tant de débris et de métamorphoses. La comparaison de ce que le château est aujourd'hui avec ce qu'il fut autrefois, jetterait la douleur dans son ame, et il rentrerait aussitôt dans le silence de la tombe.

ÉGLISE DE BLANDY.

Il a existé jusqu'à la révolution une chapelle sous le titre de Saint-Martin, qu'on dit avoir été autrefois l'église du lieu. Le pays autour du château étant peu considérable avant 1400, une petite église devait suffire. Plus tard la population augmenta, besoin fut d'en construire une plus grande. Les seigneurs de Blandy y auront contribué en grande partie, car elle est près du château.

Cette église se compose de deux parties bien distinctes ; la première partie, qui est la plus basse, paraît devoir remonter au xve siècle, car des fondations placées dans les murs, datent au moins de 1450. La seconde partie, plus haute et plus moderne, est à peu près de la moitié du xvie siècle. C'est un bruit commun qu'elle a servi longtemps de temple aux protestants, et que les catholiques furent obligés de se retirer à la chapelle Saint-Martin. Ce qu'il y a de certain, c'est que cette église, si elle a servi de temple, n'a été envahie que peu de temps, et à différents intervalles, car le prince de Condé est le seul seigneur protestant de Blandy. Il n'a été possesseur du château que pendant quatre ans, et même pendant ce court espace de temps, il y vint très-peu souvent avec sa suite, emporté comme il le fut continuellement dans les guerres de religion. A sa mort, il ne dût plus y avoir de princes protestants à Blandy, car sa veuve, ses enfants, la marquise de Rhotelin, étaient tous catholiques, ainsi que les princes de Bourbon-Soissons et les princesses qui leur succédèrent.

L'église de Blandy n'offre rien de bien remarquable. La boiserie du maître-autel est ce qu'il y a de mieux. Les tableaux ne se distinguent par aucun trait saillant. Il en existe un pourtant, représentant la *Guérison de Tobie*, qui peut mériter quelque attention. Il y a beaucoup de pierres tombales, dont les lettres sont effacées pour la plupart. On voit aussi dans les murailles plusieurs inscriptions et fondations, à peu près toutes de 1600 à 1700.

Le cimetière de Blandy, situé près de l'église, devra bientôt être supprimé par raison de salubrité, car il se trouve au milieu du village. Il n'offre presqu'aucune particularité : c'est le cimetière champêtre, dans la force du terme. Une foule de croix de bois y indiquent le nom de ceux qui y reposent. Quelques tombes ça et là distinguent pourtant encore le riche du pauvre. La première que vous rencontrerez est celle d'une femme vertueuse, digne objet des regrets de sa famille. Pauvre mère, tu meurs dans un âge si peu avancé, quand ton fils te tend les bras pour te retenir ; pauvre épouse, tu meurs dans les bras d'un époux dont les pleurs disent tout ce qu'il perd :

O mater semper dilecta, in pace quiescas!
Heu ! semper cognati fletibus ossa rigabunt.

Plus loin c'est la tombe d'une petite fille de cinq ans. Pauvre fleur à peine éclose, te voilà flétrie pour toujours : ah! plus tôt, la Providence t'a arrachée de cette vallée de larmes, de cette terre d'exil, avant que tu aies pu en connaître l'amertume, pour te faire couler des jours plus heureux, au sein de son immensité.

. . . Rose elle a vécu ce que vivent les roses,
L'espace d'un matin.

On trouve ensuite celle d'un magistrat intègre que

la justice a éclairé jusqu'au dernier moment : il fut bon fils, bon père, bon époux. Quel plus bel éloge? celui qui juge les justices elles-mêmes, aura été juste envers toi, comme tu l'as été envers les autres; tu as marché dans le sentier de la justice et il t'aura couronné de la couronne de la justice.

En revenant sur ses pas, une croix se distingue des autres : Pauvre jeune homme, mourir à dix-huit ans! Tu allais moissonner aux champs de la science des fleurs qui s'y trouvent belles et nombreuses. Tu as peut-être remporté des lauriers dans ces combats où les plus grands rivaux sont les plus grands amis; et ces lauriers sont changés en cyprès. Les palmes que tu as cueillies, les couronnes que tu as méritées, étaient sans doute le prélude de cette couronne immortelle qui t'était réservée.

> Au banquet de la vie, ah! fortuné convive,
> J'apparus un jour, et je meurs!
> Je meurs, et sur la tombe où promptement j'arrive,
> Des amis verseront des pleurs.

Oui, des amis verseront des pleurs! tu fus comme l'arbre coupé dans sa racine avant l'heure; comme l'épi moissonné avant le temps : repose en paix, le ciel t'a fait grâce des jours que tu devais couler!

Quelques tombes, quelques croix paraissent encore au milieu des autres; mais elles n'ont rien qui les distingue, ni dans leurs formes, ni dans leurs épitaphes. Tout annonce dans cette enceinte le silence de la mort, la solitude de la tombe.

FOIRE DE BLANDY.

Un grand concours de monde s'assemble tous les ans à Blandy, dans les journées des 21 et 22 septembre, époque à laquelle se tient la foire Saint-Mathieu. Cette foire est une des plus fortes du département. On y fait un grand commerce de bestiaux de toute espèce, de draperie, etc., de toutes les choses les plus utiles. C'est à la fois une des plus belles fêtes où se réunissent tous les genres de divertissements. Ce n'est pas sans raison que la foire de Blandy est aussi considérable; son antique origine lui donne un rang distingué parmi les autres foires, et vainement la ville de Melun a-t-elle voulu paralyser son commerce en demandant pour elle l'établissement d'une foire qui devait se tenir le 24 septembre.

Jean, vicomte de Melun et seigneur de Blandy, avait obtenu par une lettre de Philippe-le-Long, datée de Paris 1321, l'établissement d'un marché dans la ville de Blandy. Il obtint l'année suivante l'établissement d'une foire, qui se tiendrait la veille et le jour Saint-Maurice, par une lettre de Charles-le-Bel, datée du bois de Vincennes 1322. Longtemps après, les guerres des Anglais et les ravages qu'ils faisaient en France avaient fait cesser la foire de Blandy; les marchands n'ayant pas assez de garantie de sécurité dans leur voyage avaient cessé de s'y rendre. Guillaume IV, alors vicomte de Melun et seigneur de Blandy, demanda au roi Charles VI le rétablissement du marché et de la foire dans la ville de Blandy. Voici un extrait de la lettre du roi, tiré du livre des ordonnances des rois de France.

« Charles, par la grâce de Dieu, roi de France, savoir fe-
« sons, à tous présents et à venir, que comme notre aimé et
« féal chevalier et conseiller Guillaume, vicomte de Melun
« et seigneur de Blandy, nous a naguères exposé, que les
« rois Philippe et Charles, en leur temps rois de France, que
« Dieu ait en garde, après que par information faite sur le
« profit ou dommage de la chose publique, d'octroyer un
« marché perpétuellement en ladite ville de Blandy, chaque
« semaine au jour de jeudi, et une foire la veille et le jour
« Saint-Maurice, en septembre, ont été trouvés lesdits mar-
« ché et foire être profitables et non préjudiciables, eussent
« octroyé icelle foire et marché perpétuellement, comme il
« est contenu en leurs lettres.

« Néanmoins, par l'effet des guerres et mortalités, qui
« depuis ont été partout le royaume, mêmement environ
« ladite ville de Blandy, le peuple et les marchands avaient
« délaissé de fréquenter, tellement qu'ils en sont de tout
« privés.

« En vertu de nos lettres expédiées par nos amés et féaux
« trésoriers à Paris, après information faite par notre bailly
« de Sens et de Melun, ladite information et lesdites lettres
« étant vues et considérées, après avoir à grande et mûre
« délibération considéré et trouvé la chose profitable et non
« dommageable, de remettre et restituer lesdites foire et
« marché, perpétuellement en la ville de Blandy, ès-jours
« ci-devant dits, pour le bien et utilité communs.

« Avons à notre dit conseiller, vicomte de Melun, et à ses
« ayants-causes, octroyé de notre grâce spéciale, et octroyons
« par les présentes, iceux marché et foire, être remis et
« réinstitués en icelle ville de Blandy, et y tenir perpétuelle-

« ment, ès-jours dessus dits................ et que
« tous les marchands de quelque pays qu'ils soient, excepté
« nos adversaires et ennemis de notre royaume tant seule-
« ment, puissent aller et venir, fréquenter et marchander
« ès dites foire et marché, sûrement et paisiblement.

« Et mandons à nos dites gens de comptes et trésorier,
« audit Bailly de Sens et de Melun, et à leurs lieutenants
« présents et à venir, l'exécution d'icelles, etc.

« Donné à Paris, l'an de grâce 1392, et de notre reigne
« le douzième, au mois d'octobre.

  « Par le roi :   « HENIN. »

La foire se tint toujours depuis cette époque sans interruption. On voit seulement qu'en 1702 une ordonnance de l'archevêque de Sens, au mois de juillet, avait remis la foire au dimanche qui suivrait la Saint-Mathieu, afin de ne pas détourner les habitants de leur travail pendant la semaine. Aussitôt, la princesse Marie d'Orléans, veuve de Henri de Savoie, duc de Nemours, qui était alors châtelaine de Blandy, demanda au roi Louis XIV le maintien et l'exécution des anciennes ordonnances, en vertu desquelles la foire devait se tenir la veille et le jour Saint-Maurice, perpétuellement et à toujours.

Une lettre de ce prince, donnée en parlement le 3 août 1702, ordonne la tenue de la foire les mêmes jours que les années précédentes.

La foire de Blandy a donc déjà plus de 500 ans de date, puisqu'elle remonte à 1320. Depuis son origine cette foire a été franche pour les bestiaux, une réclamation a été adressée au ministère, pour obtenir l'autorisation d'exiger à l'avenir un paiement pour la place qu'ils occupent. Cette demande, si elle obtient son effet, procurera à la commune un bénéfice trop légitime.

Le marché de Blandy, antérieur d'un an à la foire, comme on l'a déjà vu, n'a subsisté que jusqu'à la révolution. La difficulté de le faire cadrer avec les autres marchés, suivant le calendrier républicain, l'a fait supprimer. En vain la municipalité a adressé plusieurs réclamations au district de Melun, elles ont été sans effet. Le marché a été depuis transféré à Champeaux, où il se tient le vendredi.

Le conseil municipal en a demandé dernièrement le rétablissement; cette demande, activement suivie par l'autorité locale, réussira sans doute. La commune de Blandy verrait avec plaisir se rétablir un marché dont elle s'est vue privée, après en avoir joui aussi longtemps.

VILLAGE DE BLANDY.

Le village de Blandy est situé à un myriamètre de Melun, dans la direction du N.-E., à cinq myriamètres et demi S.-E. de Paris, et à environ trois myriamètres N. de la ville de Fontainebleau; il ressortissait autrefois du baillage de Melun; il est actuellement du canton du Châtelet. Le bureau de poste est aussi au Châtelet.

Ce village n'offre rien de remarquable que l'ancien

château qu'il entoure de tous côtés. Sa population est d'environ 8 à 900 habitants. Le territoire de Blandy est assez varié, il produit du blé et toutes sortes de grains. On y récolte aussi du vin, et toutes les autres choses nécessaires à la vie, telles que le bois, le chanvre. Le site en est assez agréable; le sud offre des plaines où l'on récolte de bonnes moissons; le nord présente une jolie vallée au milieu de laquelle coule le ruisseau d'Ancœur, entouré de prairies. Les deux côteaux sont plantés de vignes. Blandy se trouve placé entre deux routes, celle de Melun à Provins, et celle de Melun à Rozoy.

Il y a eu jusqu'en 1808, un bureau d'enregistrement; depuis longues années il y a une étude de notaire.

Il existait aussi autrefois à Blandy, une maison appelée Saint-Lazare; on l'appelait encore l'Hôtel-Dieu. Les lits des malades furent transportés à l'hospice de Melun, par suite d'un incendie dont cette maison a été victime. Depuis cette époque cette maison a été supprimée.

Quelque temps après, un curé de Blandy a fondé l'hospice qui existe encore aujourd'hui, près de la place dite le Pilori. Il est desservi par deux sœurs de l'ordre de la Présentation; l'une d'elles est chargée de l'instruction des jeunes filles, l'autre s'occupe du traitement des malades. L'éducation des jeunes gens est sous la direction d'un instituteur communal.

Le village de Blandy renferme plusieurs fermes outre celle du château. Il possède aussi deux moulins, une tuilerie et un four à chaux; une fontaine fournit aux habitants une eau excellente, et entretient un beau lavoir.

On voit aussi plusieurs maisons de campagne assez jolies. Placé au haut d'une vallée, le village est assaini par l'écoulement rapide des eaux; l'air y est très-pur : aussi Blandy est-il préservé la plupart du temps des épidémies.

www.ingramcontent.com/pod-product-compliance
Lightning Source LLC
Chambersburg PA
CBHW061014050426

42453CB00009B/1431